唐石經本論語

山東省圖書館藏唐開成石經舊拓本

山東人民出版社・濟南

圖書在版編目（CIP）數據

唐石經本論語 .— 濟南 : 山東人民出版社 , 2024.3
（儒典）
ISBN 978-7-209-14374-5

Ⅰ . ①唐… Ⅱ . Ⅲ . ①《論語》- 注釋 Ⅳ . ① B222.22

中國國家版本館 CIP 數據核字（2024）第 037127 號

項目統籌：胡長青
責任編輯：劉　晨
裝幀設計：武　斌
項目完成：文化藝術編輯室

唐石經本論語

主管單位　山東出版傳媒股份有限公司
出版發行　山東人民出版社
出 版 人　胡長青
社　　址　濟南市市中區舜耕路517號
郵　　編　250003
電　　話　總編室（0531）82098914
　　　　　市場部（0531）82098027
網　　址　http://www.sd-book.com.cn
印　　裝　山東華立印務有限公司
經　　銷　新華書店

規　　格　16開（160mm×240mm）
印　　張　23.75
字　　數　190千字
版　　次　2024年3月第1版
印　　次　2024年3月第1次
ISBN 978-7-209-14374-5
定　　價　58.00圓

#《儒典》選刊工作團隊

學術顧問 杜澤遜 李振聚 徐 泳

項目統籌 胡長青

責任編輯 劉 晨 劉嬌嬌 張艷艷 呂士遠 趙 菲 劉一星

前言

中國是一個文明古國、文化大國，中華文化源遠流長，博大精深。在中國歷史上影響較大的是孔子創立的儒家思想，因此整理儒家經典、注解儒家經典，爲儒家經典的現代化闡釋提供权威、典范、精粹的典籍文本，是推進中華優秀傳統文化創造性轉化、創新性發展的奠基性工作和重要任務。

中國經學史是中國學術史的核心，歷史上創造的文本方面和經解方面的輝煌成果，大量失傳了。西漢是經學的第一個興盛期，除了當時非主流的《詩經》毛傳以外，其他經師的注釋後來全部失傳了。東漢的經解衹有鄭玄、何休等少數人的著作留存下來，其餘也大都失傳了。南北朝至隋朝興盛的義疏之學，其成果僅有皇侃《論語疏》幸存於日本。五代時期精心校刻的《九經》、北宋時期國子監重刻的《九經》以及校刻的單疏本，也全部失傳。南宋國子監刻的單疏本，我國僅存《周易正義》、《爾雅疏》、《春秋公羊疏》（三十卷殘存七卷）、《春秋穀梁疏》（十二卷殘存七卷），日本保存了《尚書正義》、《毛詩正義》、《禮記正義》（七十卷殘存八卷）、《周禮疏》（日本傳抄本）、《春秋公羊疏》（日本傳抄本）、《春秋正義》（日本傳抄本）。南宋兩浙東路茶鹽司刻八行本，我國保存下來的有《周禮疏》、《禮記正義》、《春秋左傳正義》（紹興府刻）、《論語注疏解經》（二十卷殘存十卷）、《孟子注疏解經》（存臺北「故宫」），日本保存有《周易注疏》《尚書正義》（凡兩部，其中一部被清楊守敬購歸）。南宋福建刻十行本，我國僅存《春秋穀梁注疏》、《春秋左傳注疏》（六十卷，一半在大陸，一半在臺灣），日本保存有《毛詩注疏》《春秋左傳注疏》。從這些情況可以看出，經書代表性的早期注釋和早期版本國内失傳嚴重，有的僅保存在東鄰日本。

鑒於這樣的現實，一百多年來我國學術界、出版界努力搜集影印了多種珍貴版本，但是在系統性、全面性和準確性方面都還存在一定的差距。例如唐代開成石經共十二部經典，石碑在明代嘉靖年間地震中受到損害，明代萬曆初年西安府學等學校師生曾把損失的文字補刻在另外的小石上，立於唐碑之旁。近年影印出版唐石經拓本多次，都是以唐代石刻與明代補刻割裂配補的裱本爲底本。由於明代補刻采用的是唐碑的字形，這種配補本難以區分唐刻與明代補刻，不便使用，亟需單獨影印唐碑拓本。

爲把幸存於世的、具有代表性的早期經解成果以及早期經典文本收集起來，系統地影印出版，我們規劃了《儒典》編纂出版項目。

《儒典》出版後受到文化學術界廣泛關注和好評，爲了滿足廣大讀者的需求，現陸續出版平裝單行本。共收録一百十一種元典，共計三百九十七册，收録底本大體可分爲八個系列：經注本（以開成石經、宋刊本爲主。開成石經僅有經文，無注，但它是用經注本删去注文形成的）、經注附釋文本、纂圖互注本、單疏本、八行本、十行本、宋元人經注系列、明清人經注系列。

《儒典》是王志民、杜澤遜先生主編的。本次出版單行本，特請杜澤遜、李振聚、徐泳先生幫助酌定選目。特此説明。

二〇二四年二月二十八日

目録

論語序

敘曰漢中壘校尉劉向言魯論語廿篇皆孔子弟子記諸善言也大子大傅夏

侯勝前將軍蕭望之丞相
韋賢及子玄成等傳之齊
論語廿二篇其廿篇中章
句頗多於魯論琅邪王卿

及膠東庸生昌邑中尉王

吉皆以受魯論

魯論

魯論兼講齊

說善者從之號曰張侯論
爲世所貴包氏周氏章句
出焉古論唯博士孔安國

爲之訓解而世不傳至順
帝時南郡大守馬融亦爲
之訓說漢末大司農鄭玄
就魯論篇章考之齊古爲

之註近故司空陳羣大常王肅博士周生烈皆爲義說前世傳受師說雖有異同不爲訓[illegible]閒爲[illegible]訓

禄

日孫邕光禄

鄭沖散騎常侍中

領軍安鄉亭侯臣曹羲侍
中臣荀顗尚書駙馬都尉
關內侯臣
學而第一

子曰學而時習
乎有朋自遠方來不亦
乎人不知而不慍不亦君
子乎有子曰其爲人也孝
弟而好犯上者鮮矣不好

犯上而好作亂者未之有

也君子務本本立而道生

孝弟……其爲仁之本與

子……鮮矣

謀而不忠乎 而

不信乎傳不習乎子曰道

千乘之國敬事而信節用

而愛人使民以時子曰弟

子入則孝出則弟謹而信
汎愛衆而親仁行有餘力
則以學文子夏曰賢賢易
色事父母能竭其力事君

能致其身與朋友交言而
有信雖曰未學吾必謂之
矣子曰君子不重則不
不固主忠信無友
過則勿憚改曾

遠臣德歸厚
曰夫子
六政求

之求其諸異人
之求之與子曰父在觀其
志父沒觀其行三年無改

於父之道可謂孝矣有子
曰禮之用和爲貴先王之
道斯爲美小大由之有所
不行知和而和不以禮節
之亦不可行也有子曰信

近於義言可復也恭近於
禮遠恥辱也因不失其親
亦可宗也子曰君子食無
求飽居無求安敏於事而
慎於言就有道而正焉可

謂好學也已子貢曰貧而
無諂富而無驕何如子曰
可也未若貧而樂道富而好
禮者也子貢曰詩云如切

□磋如琢如磨[illegible]之謂

已矣告諸往[illegible]

曰不患人之不[illegible]患不

知人也

爲政第二　何晏集解

子曰爲政以德譬如北辰

居其所而衆星共之子曰

詩三百一言以蔽之曰思

無邪子曰道之以政齊之
以刑民免而無恥道之以
德齊之以禮有恥且格子
曰吾十有五而志于學卅
而立四十而不惑五十而

知天命六十而耳順七十
而從心所欲不踰矩孟懿
子問孝子曰無違樊遲御
子告之曰孟孫[illegible]孝於我

我對曰無……何謂

之子曰……葬

問孝子曰……唯其

憂子游問孝子曰今之孝

者是謂能養至於犬馬皆
能有養不敬何以别乎子
夏問孝子曰色難有事弟
子服其勞有酒食先生饌

曾是以爲孝乎子曰吾與
回言終日不違如愚退而
省其私亦足以發回也不
愚子曰視其所以觀其所

由察其所安人焉廋哉人
焉廋哉子曰温故而知新
可以爲師矣子曰君子不
器子貢問君子子曰先行

其言而後從之子曰君子
周而不比小人比而不周
子曰 [illegible] 而

之乎知之爲知之
不知是知也子張
子曰多聞闕疑慎
則寡尤多見闕殆

餘則寡悔言寡尤……寡悔
祿在其中矣哀公……曰何
爲則民服孔子對……舉直
錯諸枉則民服……錯諸
直則民不服季康子問使

民敬忠以勸如之何子曰
臨之以莊則敬孝慈則忠
舉善而教不能則勸或謂
孔子曰子奚不爲政子曰

書云孝乎惟孝友于兄弟
施於有政是亦爲政奚其
爲爲政子曰人而無信不
知其可也大車無輗小車

無兀其可□行之哉子

損所損益可知也

於殷禮所損益可知也

其或繼周者雖百世可知
也子曰非其鬼而祭之諂
也見義不爲無勇也

論語卷第一

集解
舞於庭
忍也三

相維辟

於三家

仁如禮

林放

問禮

其易
君
旅

子曰君子無所爭必也射乎揖讓而升下而飲其爭也君子子夏問曰巧笑倩

兮美目盼兮素以爲絢兮
何謂也子曰繪事後素曰
禮後乎子曰起予者商也
始可與言詩已矣子曰夏
禮吾能言之杞不足徵也

殷禮吾能言之宋不足徵也文獻不足故也足則吾能徵之矣子曰禘自既灌而往者吾不欲觀之矣或

問禘之說子曰不知也知
其說者之於天下也其如
示諸斯乎指其掌祭如在
祭神如神在子曰吾不與
祭如不祭王孫賈問曰與

其媚於奧寧媚於竈何謂
也。子曰不然獲罪於天無
所禱也子曰周監於二代
郁郁乎文哉吾從周子入

大廟每事問或曰孰謂鄹
人之子知禮乎入大廟每
事問子聞之曰是禮也子
曰射不主皮爲力不同科
古之道也子貢欲去告朔

之餼羊子曰賜也汝愛其
羊我愛其禮子曰事君盡
禮人以爲諂也定公問君
使臣臣事君如之何孔子

對曰君使臣以禮臣事君
以忠子曰關雎樂而不淫
哀而不傷哀公問社於宰
我宰我對曰夏后氏以松
殷人以柏周人以栗曰使

民戰栗子聞之曰成事不
說遂事不諫旣往不咎子
曰管仲之器小哉或曰管
仲儉乎曰管氏有三歸官

事不攝焉得儉然則管仲
知禮乎曰邦君樹塞門管
氏亦樹塞門邦君為兩君
之好有反坫管氏亦有反
坫管氏而知禮孰不知禮

子語魯大師樂曰樂其可
知也始作翕如也從之純
如也皦
儀封

於斯也吾未嘗不得見也
從者見之出曰二三子何
患於喪乎天下之無道也
久矣天將以夫子爲木鐸
子謂韶盡美矣又盡善也

謂武盡美矣未盡善也子
曰居上不寬爲禮不敬臨
喪不哀吾何以觀之哉
里仁第四何晏集解

子曰里仁爲美擇不處仁
焉得知子曰不仁者不可
以久處約不可以長處樂
仁者安仁知者利仁子曰
唯仁者能好人能惡人子

曰苟志於仁矣無惡也子
富與貴是人之所欲也
不以其道得之不處也貧
與賤是人之所惡也不以

其道得之不去也君子去
仁惡乎成名君子無終食
之間違仁造次必於是顛
沛必於是子曰我未見好
仁者惡不仁者好仁者無

以尚之惡不仁者其爲仁
矣不使不仁者加乎其身
有能一日用其力於仁矣
乎我未見力不足者蓋有

之矣我未之見也子曰人
之過也各於其黨觀過斯
知仁矣子曰朝聞道夕死
可矣子曰士志於道而恥
惡衣惡食者未足與議也

子曰君子之
適也無莫也
曰君子懷德
子懷刑小人
於利而行多

無
子
土君
曰放
能以

禮讓爲國
禮讓爲國
患無位患
己知求爲
乎吾道一

不能以
何曰不
不患莫
也子曰參
貫之曾子曰

唯子出門 問曰何謂也
曾子曰夫 道忠恕而
已矣子 喻於義小
人喻以 見賢思齊

焉[illegible]而内自省也子
曰[illegible]幾諫見志不從
又敬不違勞而不怨子曰
父母在不遠遊遊必有方
子曰三年無改於父之道

可謂孝矣子曰父母之年
不可不知也一則以喜一
則以懼子曰古者言之不
出恥躬之不逮也子曰以

約失之者鮮矣子曰君子欲訥於言而敏於行子曰德不孤必有鄰子游曰事君數斯辱矣朋友數斯疏矣

論語卷第二

之非其罪也以
妻之子謂南容邦有道
廢邦無道免於刑戮以
兄之子妻之子謂子賤
子哉若人魯無君子者

其焉取斯子貢問曰賜也

何如子曰女器也曰何器

也曰瑚璉也或曰雍也仁

而不佞子曰焉用佞禦人

以口給屢憎於人不知其

人焉用佞子使漆彫開仕
對曰吾斯之未能信子説
子曰道不行乘桴浮于海
從我者其由與子路聞之

喜子曰由也好勇過我無
所取材孟武伯問子路仁
乎子曰不知也又問子曰
由也千乘之國可使治其

賦也不知其仁也求也何
如子曰求也千室之邑百
乘之家可使爲之宰也不
其□也赤也何如子曰

知二子曰弗女
弗如也宰予晝寢子曰朽
木不可彫也糞土之牆不
可杇也於予與何誅子曰

始吾於人也聽其言而信
其行今吾於人也聽其言
而觀其行於予與改是子
曰吾未見剛者或對曰申
棖子曰棖也慾焉得剛子

貢曰我不欲人之加諸我
也吾亦欲無加諸人子曰
賜也非爾所及也子貢曰
夫子之文章可得而聞也

夫子之言性與天道不可
得而聞也子路有聞未之
能行唯恐有聞子貢問
文子何以
敏而好學不恥
問

謂之文也子謂子產有
之道四焉其行己也
事上也敬其養民也
其使民也義子曰晏平

仲善與人交久而敬之子
曰臧文仲居蔡山節藻棁
何如其知也子張問曰令
尹子文三仕為令尹無喜
色三已之無慍色舊令尹

之政必以告新令尹何如
子曰忠矣曰仁矣乎曰未
知焉得仁崔子弑齊君陳
文子有馬十乘棄而違之

至於他邦則曰猶吾大夫
崔子也違之之一邦則又
曰猶吾大夫崔子也違之
何如子曰清矣曰仁矣乎

其愚不
陳曰歸與歸與吾黨
子狂簡斐然成章不知所
以裁之子曰伯夷叔齊不
念舊惡怨是用希子曰孰

謂微生高直或乞醯焉乞
諸其鄰而與之子曰巧言
令色足恭左丘明恥之丘
亦恥之匿怨而友其人左

丘明恥之丘亦恥之顔淵
季路侍子曰盍各言爾志
子路曰願車馬衣輕裘與朋
友共敝之而無憾顔淵曰
願無伐善無施勞子路曰

願聞子之志子曰老者安
之朋友信之少者懷之子
曰已矣乎吾未見能見其過
而内自訟者也子曰十室

有忠信如丘者焉
之好學也
何晏集解

子曰可也簡

仲弓[illegible]敬而行簡以臨
其民不亦可乎居簡而行
簡無乃大簡乎子曰雍之
言然哀公問弟子孰爲好

學孔子對曰有顏回者好
學不遷怒不貳過不幸短
命死矣今也則亡未聞好
學者也子華使於齊冉子
爲其母請粟子曰與之釜

請益曰與之庚冉子與之
粟五秉子曰赤之適齊也
乘肥馬衣輕裘吾聞之也
君子周急不繼富原思爲

之宰與之粟九百辭子曰
毋以與爾鄰里鄉黨乎子
謂仲弓曰犂牛之子騂且
角雖欲勿用山川其舍諸

子曰回也其心三月
仁其餘則日月至
矣季康子問仲由
[illegible]

政乎何有曰賜也可使從
政也與曰賜也達於從政
乎何有曰求也可使從政
也與曰求也藝於從政乎
何有季氏使閔子騫爲費

宰閔子騫曰善爲我辭焉
如有復我者則吾必在汶
上矣伯牛有疾子問之自
牖執其手曰亡之命矣夫

斯人也而有斯疾也斯人
也而有斯疾也子曰賢哉
回也一簞食一瓢飲在陋
巷人不堪其憂回也不改
其樂賢哉回也冉求曰非

不說子之道力不足也子
曰力不足者中道而廢今
女畫子謂子夏曰女爲君
子儒無爲小人儒子游爲

女得人焉耳
滅明者行不
嘗至於偃
奔而殿將

非敢後也馬[illegible]子曰
不有祝鮀之佞而有宋朝
之美難乎免於今之世矣
子曰誰能出不由戶何莫

由斯道也子曰質勝文則
野文勝質則史文質彬彬
然後君子子曰人之生也
直罔之生也幸而免子曰
知之者不如好之者好之

者不如樂之者子曰中人
以上可以語上也中人以
下不可以語上也樊遲問
知子曰務民之義敬鬼神

而遠之可謂知矣問仁曰
仁者先難而後獲可謂仁
矣子曰知者樂水仁者樂
山知者動仁者靜知者樂

九七

仁者壽子曰齊一變至於
魯魯一變至於道子曰觚
不觚觚哉觚哉宰我問曰
[illegible]雖告之曰[illegible]焉

可欺[illegible]也子曰君
子博學於文約之以禮亦
可以弗畔矣夫子見南

子路不說夫子矢之曰予
所否者天厭之天厭之
曰中庸之為德也其至矣
乎民鮮久矣子貢曰如有

博施於民而能濟衆何如
可謂仁乎子曰何事於仁
必也聖乎堯舜其猶病諸
夫仁者己欲立而立人己

欲達而達人能近取譬可
謂仁之方也已

論語卷第三

論語卷第四

述而第七　何晏集解

子曰述而不作信而好古

竊比於我老彭子曰默而

識之學而不厭誨人不倦
何有於我哉子曰德之不
脩學之不講聞義不能徙
不善不能改是吾憂也子
之燕居申申如也夭夭如

也子曰甚矣吾衰也久矣
吾不復夢見周公子曰志
於道據於德依於仁遊於
藝子曰自行束脩以上吾
未嘗無誨焉子曰不憤不

啓不悱不發舉一隅不

則不復也子食於

者之側未嘗飽也子

日哭則不歌子謂顏

用之則行舍之則藏
唯我與爾有是夫子路曰
子行三軍則誰與子曰暴
虎馮河死而無悔者吾不

與也必也臨事而懼好謀
而成者也子曰富而可求
也雖執鞭之士吾亦爲之
如不可求從吾所好子之

所慎齊戰疾子在齊聞韶
三月不知肉味曰不圖為
樂之至於斯也冉有曰夫
子為衛君乎子貢曰諾吾
將問之入曰伯夷叔齊何

人也曰古之賢人也曰怨
乎曰求仁而得仁又何怨
出曰夫子不爲也子曰飯
疏食飲水曲肱而枕之樂

貴於我如浮
數年五十以學易可以無
大過矣子所雅言詩書執

禮皆雅言也葉公問孔子於子路子路不對子曰女奚不曰其爲人也發憤忘食樂以忘憂不知老之將

至云爾子曰我非生而知
之者好古敏以求之者也
子不語怪力亂神子曰我
三人行必得我師焉擇其
善者而從之其不善者而

改之子曰天生德於予桓
魋其如予何子曰二三子
以我爲隱乎吾無隱乎爾
吾無行而不與二三子者

是丘也子以四教文行忠

信子曰聖人吾不得而見

之矣得見君[illegible]斯可矣

曰善人吾不得而見之

矣得見有恒者斯可矣亡

而為有虛而為盈約而為泰難乎有恒矣子釣而不綱弋不射宿子曰蓋有不知而作之者我無是也多

聞擇其善者而從之多見
而識之知之次也互鄉難
與言童子見門人惑子曰
與其進也不與其退也唯
何甚人絜己以進與其絜

也不保其往也子曰仁遠
乎哉我欲仁斯仁至矣陳
司敗問昭公知禮乎孔子
曰知禮孔子退揖巫馬期

而進之曰吾聞君子不黨
君子亦黨乎君取於吳爲
同姓謂之吳孟子君而知
禮孰不知禮巫馬期以告
子曰丘也幸苟有過人必

[illegible]之子[illegible][illegible][illegible]而善
反之而後和之子曰文莫
吾猶人也躬行君子則吾
未之有得子曰若聖與仁

則吾豈敢抑爲之不厭誨
人不倦則可謂云爾已矣
公西華曰正唯弟子不能
學也子疾病子路請禱子
曰有諸子路對曰有之誄

曰禱爾于上下神祇子曰
丘之禱久矣子曰奢則不
孫儉則固與其不孫也寧
固子曰君子坦蕩蕩小人

長戚戚子温而厲威而不
猛恭而安

泰伯第八 · 何晏集解

子曰泰伯其可謂至德也
已矣三以天下讓民無得

舊 曾子有
疾召門 予足啓
予手詩云戰戰兢兢如臨
深淵如履薄冰而今而後
吾知免夫小子曾子有疾

孟敬子問之曾子言曰鳥
之將死其鳴也哀人之將
死其言也善君子所貴乎
道者三動容貌斯遠暴慢

矣正顏色斯近信矣出辭
氣斯遠鄙倍矣籩豆之事
則有司存曾子曰以能問
於不能以多問於寡有若
無實若虛犯而不校昔者

吾友嘗從事於斯矣曾子
曰可以託六尺之孤可以
寄百里

也曾子曰士不可以不弘
毅任重而道遠仁以爲己
任不亦重乎死而後已不
亦遠乎子曰興於詩立於
禮成於樂子曰民可使由

之不可使知之子曰好勇
疾貧亂也人而不仁疾之
已甚亂也子曰如有周公
之才之美使驕且吝其餘

不足觀也已子曰三年學
不至於穀不易得也子曰
篤信好學守死善道危邦
不入亂邦不居天下有道
則見無道則隱邦有道貧

且賤焉恥也邦無道富且
貴焉恥也子曰不在其位
不謀其政子曰師摯之始
關雎之亂洋洋乎盈耳哉

子曰狂而不直侗而不愿

不信吾不

子曰學如不及猶恐失之

子曰巍巍乎舜禹之有天

下也而不與焉子曰大哉

堯之爲君也巍巍乎唯天
爲大唯堯則之蕩蕩乎民
無能名焉巍巍乎其有
成功也煥乎其有文章舜

有臣五人而天下治武王
曰予有亂臣十人孔子曰才
難不其然乎唐虞之際於
斯爲盛有婦人焉九人而
已三分天下有其二以服

事殷周之德其可謂至德
也已矣子曰禹吾無間然
矣菲飲食而致孝乎鬼神
惡衣服而致美乎黻冕卑

宮室而盡力

無間然矣

問之曰益
其居於位
並行也非
速成者也

七

論語卷第五

子罕第九　何晏集解

子罕言利與命與仁。達巷

黨人曰：大哉孔子，博學而

無所成名。子聞之，謂門弟

子曰吾何執執御乎執射
乎吾執御矣子曰麻冕禮
也今也純儉吾從衆拜下
禮也今拜乎上泰也雖違

衆吾從下子絕四毋意毋
必毋固毋我子畏於匡曰
文王既沒文不在茲乎天
之將喪斯文也後死者不
得與於斯文也天之未喪

斯文也匡人其如予何大
宰問於子貢曰夫子聖者
與何其多能也子貢曰固
天縱之將聖又多能也子

聞之曰大宰知我乎吾少
也賤故多能鄙事君子多
乎哉不多也牢曰子云吾
不試故藝子曰吾有知乎

哉無知也有鄙夫問於我
空空如也我叩其兩端而
竭焉子曰鳳鳥不至河不
出圖吾已矣夫子見齊衰

者冕衣裳者與瞽者見之
雖少必作過之必趨顔淵
喟然歎曰仰之彌高鑽之
彌堅瞻之在前忽焉在後
夫子循循然善誘人博我

以文約我以禮欲罷不能
旣竭吾才如有所立卓爾
雖欲從之末由也已子疾
病子路使門人爲臣病閒

曰久矣哉由之行詐也無
臣而爲有臣吾誰欺欺天
乎且予與其死於臣之手
也無寧死於二三子之手
乎且予縱不得大葬予死

於道路乎子貢曰有美玉
於斯韞匵而藏諸求善賈
而沽諸子曰沽之哉沽之
哉我待賈者也子欲居九

夷或曰陋如之何子曰君
子居之何陋之有子曰吾
自衛反魯然後樂正雅頌
各得其所子曰出則事公
卿入則事父兄喪事不敢

不勉不爲酒困何有於我
哉子在川上曰逝者如斯
夫不舍晝夜子曰吾未見
好德如好色者也子曰譬

如爲山未成一簣止吾止
也譬如平地雖覆一簣進
吾往也子曰語之而不惰
者其回也與子謂顏淵曰
惜乎吾見其進也未見其

止也子曰苗而不秀者有
矣夫秀而不實者有矣夫
子曰後生可畏焉知來者
之不如今也四十五十而

無聞焉斯亦不足畏也已
子曰法語之言能無從乎
改之爲貴巽與之言能無
說乎繹之爲貴說而不繹

從而不改吾末如之何也
已矣子曰主忠信毋友不
如己者過則勿憚改子曰
三軍可奪帥也匹夫不可

奪志也子曰衣敝縕袍與
衣狐貉者立而不恥其
由也與不忮不求何用不
臧子路終身誦之子曰是
道也何足以臧子曰歲寒

然後知松柏之後彫也子
曰知者不惑仁者不憂
者不懼子曰可與共學
可與適道可與適

與立可
棣之華
思室是
也夫何
鄉黨

與權唐
豈不爾
未之思
晏集解

孔子
不能
便々
夫

恂恂如也似
宗廟朝廷
爾朝與下大
如也與上大夫

書

如也君在踧踖如

如也君召使擯色

足躩如也揖所與

右手衣前後襜如也

翼如也賓退必復命

賓不顧矣入公門鞠躬
也如不容立不中門行
履閾過位色勃如也足
躩如也其言似不足者攝

齊升堂鞠躬如也屏氣似
不息者出降一等逞顏色
怡怡如也沒階趨進翼如
也復其位踧踖如也執圭
鞠躬如也如不勝上如揖

下如授勃如戰色足蹜蹜
如有循享禮有容色私覿
愉愉如也君子不以紺緅
飾紅紫不以爲褻服當暑

袗絺綌必表而出之緇衣
羔裘素衣麑裘黃衣狐裘
褻裘長短右袂必有寢衣
長一身有半狐貉之厚以

居去喪無所不佩非帷裳
必殺之羔裘玄冠不以弔
吉月必朝服而朝齊必有
明衣布齊必變食居必遷

坐食不厭精膾不厭細
食饐而餲魚餒而肉敗不
食色惡不食臭惡不食失
飪不食不時不食割不正
不食不得其醬不食肉雖

多不使勝食氣唯酒無量
不及亂沽酒市脯不食不
撤薑食不多食祭於公不
宿肉祭肉不出三日出三

日不食矣食不語寢不
言雖蔬食菜羹瓜祭必齊
如也席不正不坐鄉人飲
酒杖者出斯出矣鄉人儺
朝服而立於阼階問人於

他邦再拜而送之康子饋藥拜而受之曰丘未達不敢嘗廄焚子退朝曰傷人乎不問馬君賜食必正席

先嘗之君賜腥必孰而薦
之君賜生必畜之侍食於
君君祭先飯疾君視之東
首加朝服拖紳君命召不
俟駕行矣入大廟每事問

朋友死無所歸曰於我殯
朋友之饋雖車馬非祭肉
不拜寢不尸居不容見齊
衰者雖狎必變見冕者與

瞽者雖褻必以貌凶服者
式之式負版者有盛饌必
變色而作迅雷風烈必變
升車必正立執綏車中不
内顧不疾言不親指色斯

舉矣翔而後集曰山梁雌

雉時哉時哉子路共之三

嗅而作

論語卷第五

論語卷第六

先進第十一　何晏集解

子曰先進於禮樂野人也後進於禮樂君子也如用之則吾從先進子曰從我

陳蔡者皆不及門也德
行顏淵閔子騫冉伯牛仲
弓言語宰我子貢政事冉
季 [illegible] 夏子

孝哉閔
爲人不間於其父母昆
弟之言南容三復白圭孔
子以其兄之子妻之季康
子問弟子孰爲好學孔子

對曰有顏回者好學不幸
短命死矣今也則亡顏淵
死顏路請子之車以爲之
椁子曰才不才亦各言其

子也鯉也死有棺而無槨
吾不徒行以爲之槨以吾
從大夫之後不可徒行也
顔淵死子曰噫天喪予天
喪予顔淵死子哭之慟從

者曰子慟矣曰有慟乎非
夫人之為慟而誰為顏淵
死門人欲厚葬之子曰不
可門人厚葬之子曰回也
視予猶父也予不得視猶

子也非我也夫二三子也
季路問事鬼神子曰未能
事人焉能事鬼曰敢問死
曰未知生焉知死閔子侍
側誾誾如也子路行行如

也冉子子貢侃侃如也子
樂曰若由也不得其死然
魯人為長府閔子騫曰仍舊
貫如之何何必改作子曰
夫人不言言必有中子曰

由之瑟奚爲於丘之門門
人不敬子路子曰由也升
堂矣未入於室也子貢問
師與商也孰賢子曰師也
過商也不及曰然則師愈

與子曰過猶不及季氏富
於周公而求也爲之聚斂
而附益之子曰非吾徒也
小子鳴鼓而攻之可也柴
也愚參也魯師也辟由也

喭子曰回也其庶乎屢空
賜不受命而貨殖焉億則
屢中子張問善人之道子
曰不踐迹亦不入於室子
曰論篤是與君子者乎色

莊者乎子路問聞斯行諸
子曰有父兄在如之何其
聞斯行之冉有問聞斯行
諸子曰聞斯行之公西華
曰由也問聞斯行諸子曰

有父兄在求也問聞
諸子曰聞斯行之赤也惑
敢問子曰求也退故進之
之之子

女為
何敢死季
求可謂大
臣與[illegible]吾以子為異之
問曾由與求之問所謂大

臣者以道事君不可則止
今由與求也可謂具臣矣
曰然則從之者與子曰弑
父與君亦不從也子路使
子羔爲費宰子曰賊夫人

之子子路曰有民人焉有
社稷焉何必讀書然後爲
學子曰是故惡夫佞者子
路曾皙冉有公西華侍坐
子曰以吾一日長乎爾毋

吾以也居則曰不吾知也
如或知爾則何以哉子路
率爾而對曰千乘
乎大國之間加之
因之以饑饉由也

及三年可使有勇
方
也夫子哂之求爾
對
曰方六七十如五
也爲之比及三年
民如其禮樂以俟

爾何如對曰非

宗廟之事

爲小相焉點

如鼓瑟希鏗爾舍瑟而作

對曰異乎三子者之撰子

曰何傷乎亦各言其志也
曰莫春者春服既成冠者
五六人童子六七人浴乎
沂風乎舞雩詠而歸夫子

喟然歎曰吾與點也三子
者出曾皙後曾皙曰夫三
子者之言何如子曰亦各
言其志也已矣曰夫子何
哂由也曰爲國以禮其言

不讓是故哂之唯求則非
邦也與安見方六七十如
五六十而非邦也者唯赤
則非邦也與宗廟會同非
諸侯而何赤也爲之小

孰能爲之大

顔淵第十二　何晏集解

顔淵問仁子曰克己復禮

爲仁一日克己復禮天下

歸仁焉爲仁由己而由人

乎哉顏淵曰請問其目子
曰非禮勿視非禮勿聽非
禮勿言非禮勿動顏淵曰
回雖不敏請事斯語矣仲

如見
賔使民如承大祭己所不
欲勿施於人在邦無怨在
家無怨仲弓曰雍雖不敏

請事斯語矣司馬牛問仁
子曰仁者其言也訒曰其
言也訒斯謂之仁已乎子
曰爲之難言之得無訒乎
司馬牛問君子子曰君子

不憂不懼曰不憂不懼斯
謂之君子已乎子曰内省
不疚夫何憂何懼司馬牛
憂曰人皆有兄弟我獨亡
子夏曰商聞之矣死生有

命富貴在天君子敬而無
失與人恭而有禮四海之
内皆兄弟也君子何患乎
無兄弟也子張問明子曰
浸潤之譖膚受之愬不行

焉可謂明也已矣浸潤之
譖膚受之愬不行焉可謂
遠也已矣子貢問政子曰
足食足兵民信之矣子貢
曰必不得已而去於斯三

者何先曰去兵子貢曰必
不得已而去於斯二者何
先曰去食[illegible]民
無信不立

質……矣何以文為

曰惜乎夫子之說君

駟不及舌文猶質也質

文也虎豹之鞟猶犬羊之

鞟哀公問於有若曰年饑

用不足如之何有若對曰盍徹乎曰二吾猶不足如之何其徹也對曰百姓足君孰與不足百姓不足君孰與足子張問崇德辨惑

子曰主忠信徙義崇德也
愛之欲其生惡之欲其死
既欲其生又欲其死是惑
也誠不以富亦祇以異齊
景公問政於孔子孔子對

曰君君臣臣父子子公
曰善哉信如君不君臣不
臣父不父子不子雖有粟
吾得而食諸子曰片言可
以折獄者其由也與子路

無宿諾子曰聽訟吾猶人
也必也使無訟乎子張問
政子曰居之無倦行之以
忠子曰博學於文約之以
禮亦可以弗畔矣夫子曰

君子成人之美不成人之

反是季康子問政

之

子子

以就有道何

子爲政焉用

民善矣君子

德草草上

之
斯
爾戶
邦必
聞也

問士何如
子曰何哉
張對曰在
聞子曰是
達也者質

直而
而觀色慮
以下人
在家必
達夫聞也
仁而行
違居之不疑在邦必聞在
家必聞樊遲從遊於舞雩

之下曰敢問崇德脩慝辨
惑子曰善哉問先事後得
非崇德與攻其惡無攻人
之惡非脩慝與一朝之忿
忘其身以及其親非[illegible]

樊遲問仁子曰愛
子曰知人樊遲
舉直錯諸
見於夫子而問知子曰舉

直錯諸枉能使枉者直何
謂也子夏曰富哉言乎舜
有天下選於衆舉皋陶不
仁者遠矣湯有天下選於

衆舉伊尹不仁者遠矣子
貢問友子曰忠告而善道
之不可則止毋自辱焉曾
子曰君子以文會友以友

輔仁

論語卷第六

論語卷第七

子路第十三　何晏集解

子路問政子曰先之勞之

請益曰無倦仲弓爲季氏

宰問政子曰先有司赦小
過舉賢才曰焉知賢才而
舉之曰舉爾所知爾所不
知人其舍諸子路曰衛君
待子而爲政子將奚先子

曰必也正名乎子路曰有
是哉子之迂也奚其正子
曰野哉由也君子於其所
不知蓋闕如也名不正則
言不順言不順則事不成

事不成則禮樂不興禮樂
不興則刑罰不中刑罰不
中則民無所錯手足故君
子名之必可言也言之必

可行也君子於其言無所
苟而已矣樊遲請學稼子
曰吾不如老農請學爲圃
曰吾不如老圃樊遲出子
曰小人哉樊須也上好禮

則民莫敢不敬上好義則
民莫敢不服上好信則民
莫敢不用情夫如是則四
方之民襁負其子而至矣
焉用稼子曰誦詩三百授

之以政不達使於四方不能專對雖多亦奚以爲子曰其身正不令而行其身不正雖令不從子曰魯衛之政兄弟也子謂衛公子

荊善居室始有曰苟合矣少有曰苟完矣富有曰苟美矣子適衛冉有僕子曰庶矣哉冉有曰既庶矣又何加焉曰富之曰既富矣

又何加焉曰教之子曰苟
有用我者期月而已可也
三年有成子曰善人為邦
百年亦可以勝殘去殺矣
誠哉是言也子曰如有王

者必世而後仁子曰苟正
其身矣於從政乎何有不
能正其身如正人何冉子
退朝子曰何晏也對曰有
政子曰其事也如有政雖

不吾以吾其與聞之定公
問一言而可以興邦有諸
孔子對曰言不可以若是
其幾也人之言曰爲君難
爲臣不易如知爲君之難

也不幾乎一言而興邦乎
曰一言而喪邦有諸孔子
對曰言不可以若是其幾
也人之言曰予無樂乎爲
君唯其言而莫予違也如

其善而莫之違也不亦善
乎如不善而莫之違也不
幾乎一言而喪邦乎葉公
問政子曰近者說遠者來
子夏爲莒父宰問政子曰

無欲速無見小利欲速則
不達見小利則大事不成
葉公語孔子曰吾黨有直
躬者其父攘羊而子證之
孔子曰吾黨之直者異於

是父爲子隱子爲父隱直
在其中矣樊遲問仁子曰
居處恭執事敬與人忠雖
之夷狄不可弃也子貢問
曰何如斯可謂之士矣子

曰行己有恥使於四方不
辱君命可謂士矣曰敢問
子焉鄉黨

哉抑亦可以為次矣曰今
之從政者何如子曰噫斗
筲之人何足算也子曰不
得中行而與之必也狂狷

乎狂者進取狷者有所不
爲也子曰南人有言曰人
而無恒不可以作巫醫善
夫不恒其德或承之羞子
曰不占而已矣子曰君子

和而不同小人同而不和
子貢問曰鄉人皆好之何
如子曰未可也鄉人皆惡
之何如子曰未可也不如
鄉人之善者好之其不善

者惡之子曰君子易事而
難說也說之不以道不說
也及其使人也器之小人
難事而易說也說之雖不

以道說也及其使人也求
備焉子曰君子泰而不驕
小人驕而不泰子曰剛毅
木訥近仁子路問曰何如
斯可謂之士矣子曰切切

偲偲怡怡如也可謂士矣

朋友切切偲偲兄弟怡怡

子曰善人教民七年亦可

以即戎矣子曰以不教民

戰是謂弃之

憲問第十四　何晏集解

憲問恥子曰邦有道穀邦

道穀恥也克伐不

行焉可以爲仁矣子曰可

以爲難矣仁則吾不知也

子曰士而懷居不足以爲士矣子曰邦有道危言危行邦無道危行言孫子曰有德者必有言有言者不

必有德仁者必有勇勇者
不必有仁南宫适問於孔
子曰羿善射奡盪舟俱不
得其死然禹稷躬稼而有
天下夫子不荅南宫适出

子曰君子哉若人尚德哉
若人子曰君子而不仁者
有矣夫未有小人而仁者
也子曰愛之能勿勞乎忠
焉能勿誨乎子曰爲命裨

諶草創之世叔討論之行
人子羽脩飾之東里子產
潤色之或問子產子曰惠
人也問子西曰彼哉彼哉
問管仲曰人也奪伯氏駢

邑三百飯疏食沒齒無怨
言子曰貧而無怨難富而
無驕易子曰孟公綽爲趙
魏老則優不可以爲滕薛
大夫子路問成人子曰若

臧武仲之知公綽之不欲
卞莊子之勇冉求之藝文
之以禮樂亦可以爲成人
矣曰今之成人者可必然
見利

不[illegible]言亦可以為

[illegible]公叔文子於

公[illegible]信乎夫子不言

不笑不取乎公明賈對曰

以告者過也夫子時然後
言人不厭其言樂然後笑
人不厭其笑義然後取人
不厭其取子曰其然豈其
然乎子曰臧武仲以防求

爲後於魯雖曰不要君吾
不信也子曰晉文公譎而
不正齊桓公正而不譎子
路曰桓公殺公子糾召忽
死之管仲不死曰未仁乎

子曰桓公九合諸侯不以
兵車管仲之力也如其仁
如其仁子貢曰管仲非仁
者與桓公殺公子糾不能
死又相之子曰管仲相桓

公霸諸侯一匡天下民到
于今受其賜微管仲吾其
被髮左衽矣豈若匹夫匹婦
之爲諒也自經於溝瀆而
莫之知也公叔文子之臣

大夫僎與文子同升諸公
子聞之曰可以爲文矣子
言衛靈公之無道也康子
曰夫如是奚而不喪孔子
曰仲叔圉治賓客祝鮀治

宗廟王孫賈治軍

奚其子曰

怍則為之也難陳

簡公孔子沐浴而朝告於

哀公曰陳恒弒其君請討

之公曰告夫二三子孔子
曰以吾從大夫之後不敢
不告也君曰告夫三子者
之三子告不可孔子曰以
吾從大夫之後不敢不告

也子路問事君子曰勿欺
也而犯之子曰君子上達
小人下達子曰古之學者
爲己今之學者爲人蘧伯

玉使人於孔子孔子與之
坐而問焉曰夫子何為對
曰夫子欲寡其[illegible]能
也使者出子曰使[illegible]乎
子曰不在其位不謀[illegible]政

曾子曰君子思不出其位
子曰君子耻其言而過
行子曰君子道者三我
能焉仁者不憂知者不惑

勇者不懼子貢曰夫子自
道也子貢方人子曰賜也
賢乎哉夫我則不暇子曰
不患人之不已知患其不
能也子曰不逆詐不億不

信抑亦先覺者是賢乎微
生畝謂孔子曰丘何爲是
者與無乃爲佞乎孔
敢爲佞也疾固也

不稱其力稱其悳
曰何以報德
德報德子曰莫

子貢曰何爲其莫
曰不怨天不尤人
上達知我者其天乎
寮愬子路於季孫子
伯以告曰夫子固有

於公伯寮吾力猶能肆
市朝子曰道之將行也
命也道之將廢也與命也
公伯寮其如命何子曰賢
者辟世其次辟地其次辟

色其次辟言子曰作者七
人矣子路宿於石門晨門
曰奚自子路曰自孔氏曰
是知其不可而爲之者與
子擊磬於衛有荷蕢而過

孔氏之門者曰有心哉擊
磬乎既而曰鄙哉硜硜乎
莫己知也斯已而已矣深
厲淺則揭子曰果哉末
矣子張曰書云髙宗

曰

三年不言何謂也子
高宗古之人皆然
以聽於冢
好禮則民

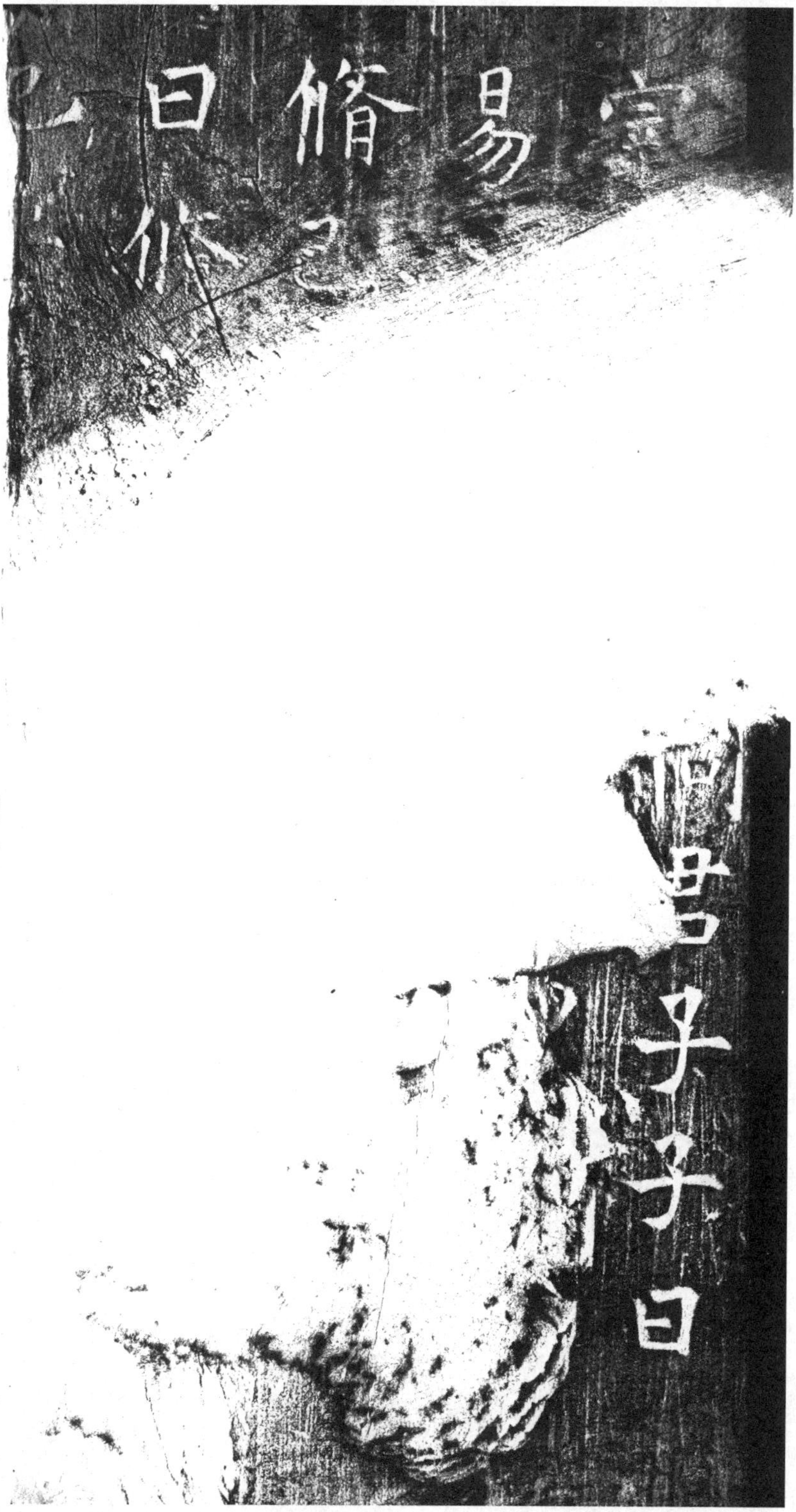

論語卷第八

衛靈公第十五　何晏集解

衛靈公問陳於孔子孔子對曰俎豆之事則嘗聞之

矣軍旅之事未之學也明
日遂行在陳絶糧從者病
莫能興子路愠見曰君子
亦有窮乎子曰君子固窮
小人窮斯濫矣子曰賜也

女以予爲多學而識之者
與對曰然非與曰非也予
一以貫之子曰由知德者
鮮矣子曰無爲而治者其
舜也與夫何爲哉恭己正

南面而已矣子張問行子
曰言忠信行篤敬雖蠻貊
之邦……言行
里行乎哉立則

參於前也在輿則見
於衡也夫然後行子
諸紳子曰直哉史魚
道如矢邦無道如矢

君子哉蘧伯玉邦有道則
仕邦無道則可卷而懷
也子曰可與言而不與言
失人不可與言而與之言
失言知者不失人亦不失

言子曰志士仁人無求生
以害人有殺身以成仁子
貢問爲仁子曰工欲善其
事必先利其器居是邦也
事其大夫之賢者友其士

之仁者顔淵問爲邦子曰
行夏之時乘殷之輅服周
之冕樂則韶舞放鄭聲遠
佞人鄭聲淫佞人殆子曰

人無遠慮必有近憂子曰
已矣乎吾未見好德如好
色者也子曰臧文仲
者與知柳
不與立也子[illegible]厚而

薄責於人則遠怨矣子曰
不曰如之何如之何者吾
末如之何也已矣子曰羣
居終日言不及義好行小

慧難矣哉子曰君子義以
爲質禮以行之孫以出之
信以成之君子哉子曰君
子病無能焉不病人之不
己知也子曰君子疾沒世

而名不稱焉子曰君子求
諸己小人求諸人子曰君
子矜而不爭羣而不黨子
曰君子不以言舉人不以

人廢言子貢問曰有一言
而可以終身行之者乎子
曰其恕乎己所不欲勿施
於人子曰吾之於人也
毀誰譽如有所譽

所試矣斯民
以直道而
之

言亂德小不忍[illegible]
子曰衆惡之必[illegible]衆好
之必察焉子曰人能弘道
非道弘人子曰過而不改
是謂過矣子曰吾嘗終日

不食終夜不寢以思無益
不如學也子曰君子謀道
不謀食耕也餒在其中矣
學也祿在其中矣君子憂
道不憂貧子曰知及之仁

不能守之雖得之必失之
知及之仁能守之不莊以
涖之則民不敬知及之仁
能守之莊以涖之動之不
以禮未善也子曰君子

[illegible]爲謀子
曰辭達[illegible]冕見及
階子曰階[illegible]席子曰席
也皆坐子告之曰某在斯
某在斯師冕出子張問曰

與師言之道與子曰然固
相師之道也
季氏第十六　何晏集解
季氏將伐顓臾冉有季路

見於孔子曰季氏將有事
於顓臾孔子曰求無乃爾
是過與夫顓臾昔者先王
以爲東蒙主且在邦域之
中矣是社稷之臣也何以

冉有曰夫子欲之吾
皆不欲也孔子曰
有言曰陳力就列
能者止危而不持顛而
扶則將焉用彼相矣且

於柙龜
之過與
固而近
爲子

孫憂孔子曰求君子疾夫
舍曰欲之而必爲之辭丘
也聞有國有家者不患寡
而患不均不患貧而患不
安蓋均無貧和無寡安無

傾夫如是故遠人不服則
修文德以來之既來之則
安之今由與求也相夫子
遠人不服而不能來也邦
分崩離析而不能守也而

謀動干戈於邦內吾恐季孫之憂不在於顓臾而在蕭牆之內也孔子曰天下有道則禮樂征伐自天子出天下無道則禮樂征伐

自諸侯出自諸侯出蓋十
世希不失矣自大夫出五
世希不失矣陪臣執國命
三世希不失矣天下有道

則政不在大夫天下有道
則庶人不議孔子曰祿之
公室五世矣政
四世矣故
孫微矣孔子曰益者三友

損者三友友直友諒友多
聞益矣友便辟友善柔友
便佞損矣孔子曰益者三
樂損者三樂樂節禮樂樂

道人之善樂多賢友益矣樂驕樂樂佚遊樂宴樂損矣孔子曰侍於君子有三愆言未及之而言謂之躁言及之而不言謂之隱未

見顏色而言謂之瞽孔子
曰君子有三戒少之時血
氣未定戒之在色及其壯
也血氣方剛戒之在鬬及

其老也血氣既衰戒之在
得孔子曰君子有三畏畏
天命畏大人畏聖人之言
小人不知天命而不畏也
狎大人侮聖人之言孔子

曰生而知之者上也學而
知之者次[illegible]之又
其次也[illegible]爲

視思明聽思聰色思溫貌思恭言思忠事思敬疑思問忿思難見得思義孔子曰見善如不及見不善如探湯吾見其人矣吾聞其

語矣
以達
見
駟死
伯夷

居以求其志行義
道吾聞其語矣未
之齊景公有馬千
民無德而稱焉
于首陽之下

民到之其斯之謂
與陳伯魚曰子亦
有異曰未也嘗獨
立庭曰學詩乎
對不學詩無以言

詩他日又獨立
趍曰學禮乎對
禮無以立鯉
斯二者陳亢

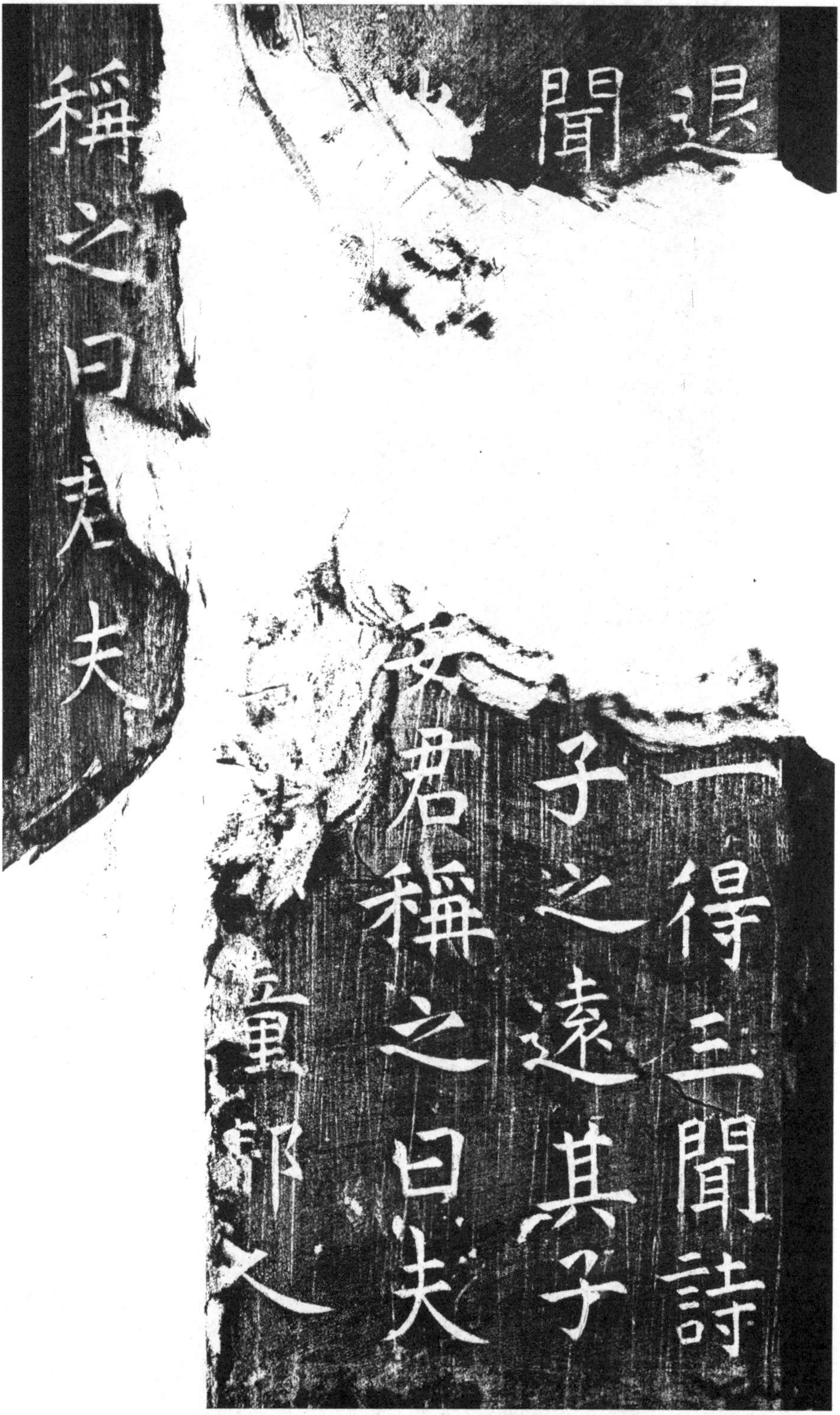

退
聞
一得三聞詩
子之遠其子
君稱之曰夫
童邦人
稱之曰君夫人

曰寡小君異邦

曰君夫人

論語卷第八

語卷第九

陽貨第十七　何晏集解

貨欲見孔子孔子不見

孔子豚孔子時其亡也

往拜之遇諸塗謂孔子

曰來予與爾言曰懷其寶而迷其邦可謂仁乎曰不可好從事而亟失時可謂知乎曰不可日月逝矣歲

不我與孔子曰諾吾將仕矣子曰性相近也習相遠也子曰唯上知與下愚不移子之武城聞弦歌之聲夫子莞爾而笑曰割雞焉

用牛刀子游對曰昔者偃也聞諸夫子曰君子學道則愛人小人學道則易使也子曰二三子偃之言是也前言戲之耳公山弗擾

以費畔召子欲往子路不
說曰末之也已何必公山
氏之之也子曰夫召我者
而豈徒哉如有用我者吾
其爲東周乎子張問仁於

孔子孔子曰能行五者於
天下爲仁矣請問之曰恭
寬信敏惠恭則不侮寬則
得衆信則人任焉敏則有
功惠則足以使人佛肸召

子欲往子路曰昔者由也
聞諸夫子曰親於其身爲
不善者君子不入也佛肸
以中牟畔子之往也如之
何子曰然有是言也不曰

堅乎磨而不磷不曰白乎
涅而不緇吾豈匏瓜也哉
焉能繫而不食子曰由也
女聞六言六蔽矣乎對曰
未也居吾語女好仁不好

學其蔽也愚好知不好學
其蔽也蕩好信不好學其
蔽也賊好直不好學其蔽
也絞好勇不好學其蔽也
亂好剛不好學其蔽也狂

子曰小子何莫學夫詩詩
可以興可以觀可以羣可
以怨邇之事父遠之事君
多識於鳥獸草木之名子
謂伯魚曰女爲周南召南

矣乎人而不為周南召南
其猶正牆面而立也與子
曰禮云禮云玉帛云乎哉
樂云樂云鍾鼓云乎哉子
曰色厲而內荏辟諸小人

其猶穿窬之盜也與子曰
鄉原德之賊也子曰道聽
而塗說德之棄也子曰鄙
夫可與事君也與哉其未
得之也患得之既得之患

失之苟患失之無所不至矣子曰古者民有三疾今也或是之亡也古之狂也肆今之狂也蕩古之矜也廉今之矜也忿戾古之愚

也直今之愚也詐而已矣
子曰巧言令色鮮矣仁
子曰惡紫之奪朱也惡鄭
聲之亂雅樂也惡利口之
覆邦家者子曰予欲無言

子貢曰子如不言則小子
何述焉子曰天何言哉四
時行焉百物生焉天何言
哉孺悲欲見孔子孔子辭
以疾將命者出戶取瑟而

歌使之聞之宰我問三年之喪期已久矣君子三年不爲禮禮必壞三年不爲樂樂必崩舊穀既沒新穀既升鑽燧改火期可已矣

子曰食夫稻衣夫錦於女
安乎曰安女安則爲之夫
君子之居喪食旨不甘聞
樂不樂居處不安故不爲
也今女安則爲之宰我出

子曰予之不仁也子生三年然後免於父母之懷夫三年之喪天下之通喪也予也有三年之愛於其父母乎子曰飽食終日無所

用心難矣哉不有博弈者乎爲之猶賢乎已子路曰君子尚勇乎子曰君子義以爲上君子有勇而無義爲亂小人有勇而無義爲

盜子貢曰君子亦有惡乎
子曰有惡惡稱人之惡者
惡居下流而訕上者惡勇
而無禮者惡果敢而窒者
曰賜也亦有惡乎惡徼以

爲知者惡不孫以爲勇者
惡訐以爲直者子曰唯女
子與小人爲難養也近之
則不孫遠之則怨子曰年
四十而見惡焉其終也已

微子第十八　何晏集解

微子去之箕子爲之奴比干諫而死孔子曰殷有三仁焉柳下惠爲士師三黜人曰子未可以去乎曰直

道而事人焉往而不三黜
枉道而事人何必去父母
之邦齊景公待孔子曰若
季氏則吾不能以季孟之
間待之曰吾老矣不能用

也孔子行齊人歸女樂季
桓子受之三日不朝孔子
行楚狂接輿歌而過孔子
曰鳳兮鳳兮何德之衰也
往者不可諫來者猶可追

已而已而今之從政者殆
而孔子下欲與之言趨而
辟之不得與之言長沮桀
溺耦而耕孔子過之使子
路問津焉長沮曰夫執輿

者爲誰子路曰爲孔丘曰
是魯孔丘與曰是也曰是
知津矣問於桀溺桀溺曰
子爲誰曰爲仲由曰是魯
孔丘之徒與對曰然曰滔

滔者天下皆是也而誰以
易之且而與其從辟人之
士也豈若從辟世之士哉
耰而不輟子路行以告夫
子憮然曰鳥獸不可與同

羣吾非斯人之徒與而誰
與天下有道丘不與易也
子路從而後遇丈人以杖
荷蓧子路問曰子見夫子
乎丈人曰四體不勤五穀

不分孰爲夫子植其杖而
芸子路拱而立止子路宿
殺雞爲黍而食之見其二
子焉明日子路行以告子
曰隱者也使子路反見之

至則行矣子路曰不仕無義長幼之節不可廢也君臣之義如之何其廢之欲絜其身而亂大倫君子之仕也行其義也道之不行

已知之矣逸民伯夷叔齊
虞仲夷逸朱張柳下惠少
連子曰不降其志不辱其
身伯夷叔齊與謂柳下惠
少連降志辱身矣言中倫

行中慮其斯而已矣謂虞
仲夷逸隱居放言身中清
廢中權我則異於是無可
無不可大師摯適齊亞飯
干適楚三飯繚適蔡四飯

缺適秦鼓方叔入于河
鼗武入于漢少師陽擊磬
襄入于海周公謂魯公曰
君子不施其親不使大臣
怨乎不以故舊無大故則

不弃也無求備於一人周
有八士伯達伯适仲突仲
忽叔夜叔夏季隨季騧

論語卷第九

論語卷第十

子張第十九　何晏集解

子張曰士見危致命見得思義祭思敬喪思哀其可

已矣子張曰執德不弘信
道不篤焉能爲有焉能爲
亡子夏之門人問交於子
張子張曰子夏云何對曰

夏曰可者與之其不可
拒之子張曰異乎吾所
君子尊賢而容衆嘉善
矜不能我之大賢與於
人何所不容我之不賢與

人將拒我如之何其拒人
也子夏曰雖小道必有可
觀者焉致遠恐泥是以君
子不爲也子夏曰日知其

所亡月無忘其所能可謂
好學也已矣子夏曰博學
而篤志切問而近思仁在
其中矣子夏曰百工居肆

以成其事君子□以致其
道子……過也必
文子夏曰君子有三變望
之儼□即之也温聽其言

也厲子夏曰君子信而後
勞其民未信則以人為厲己
也信而後諫未信則以人為
謗己也子夏曰大德不踰
閑小德出入可也子游曰

子夏之門人小子當洒埽
應對進退則可矣抑末也
本之則無如之何子夏聞
之曰噫言游過矣君子之

道孰先傳焉孰後倦焉譬
諸草木區以别矣君子之
道焉可誣也有始有卒者
其唯聖人乎子夏曰仕而
優則學學而優則仕子游

曰喪致乎哀而止子游曰
吾[illegible]
未仁曾子曰
難與並為仁矣

聞諸夫子人未有
也必也親喪乎曾
聞諸夫子孟莊子之
其他可能也其不改父
臣與之政是難能也子

氏使陽膚為士師問於
子曾子曰上失其道民散
久矣如得其情則哀矜而
勿喜子貢曰紂之不善不

如是之甚也是以君子惡
居下流天下之惡皆歸焉
子貢曰君子之過也如日月
之食焉過也人皆見之更
也人皆仰之衛公孫朝問

於子貢曰……子
曰文武之道……於地在
人賢者識其大者不賢者
識其小者莫不有文武之

道焉夫子焉不學而亦何
常師之有叔孫武叔語大
於朝曰子貢賢於仲尼
服景伯以告子貢子貢

譬之宮牆賜之牆也及
肩窺見室家之好夫子之
牆數仞不得其門而入不
見宗廟之美百官之富得

其門者或寡矣夫子之云
不亦
叔孫武叔毀仲
尼
以爲也仲尼
不
之賢者丘

也□得而踰焉人雖欲自
絕其何傷於日月乎多見
其不知量也陳子禽謂子
貢曰子為恭也仲尼豈賢

於子乎子貢曰君子一言
以爲知一言以爲不知言
不可不慎也夫子之不可
及也猶天之不可階而升
也夫子之得邦家者所謂

立之斯立道之斯行綏之
斯來動之斯和其生也榮
其死也哀如之何其可及
也

堯曰第廿　何晏集解

堯曰咨爾舜天之曆數在爾躬允執其中四海困窮天祿永終舜亦以命禹曰予小子

告于皇皇后
赦帝臣不蔽簡在帝
躬有罪無以萬方萬方有
罪罪在朕躬周有大賚善

人是富雖有周親不如仁
人百姓有過在予一人謹
權量審法度脩廢官四方
之政行焉興滅國繼絕世
舉逸民天下之民歸心焉

所重民食喪祭寬則得衆
信則民任焉敏則有功公
則說子張問於孔子曰何
如斯可以從政矣子曰尊

五美屏四惡斯可以從政

矣子張曰何謂五美子曰

君子惠而不費勞而不怨

而不驕威

不猛乎子張曰何謂惠而不

費子曰……民之所利而利

……惠而不費乎擇

……欠……二

可勞而勞……

而得仁又焉貪君
寡無小大無敢慢斯不
泰而不驕乎君子正其衣
冠尊其瞻視儼然人望而
畏之斯不亦威而不猛乎

子張曰何謂四惡子
教而殺謂之虐不戒
謂之暴慢令致期
猶之與人也出內

之有司孔子曰

以爲君子也

立也不知

論語卷第十